Dahlia

Ashas beste
Freundin

Safi

Simon

Hal **Bazeema** **Gabo** **Dario**

Ashas und Dahlias Freunde

Magnifico

Der König
von Rosas

Amaya

Die Königin
von Rosas

Disney

WISH

Annette Neubauer

Das Erstlesebuch zum Film

Ravensburger

1 3 5 4 2

© dieser Ausgabe 2023 Ravensburger Verlag GmbH
Postfach 2460, 88194 Ravensburg
Alle Rechte vorbehalten.
Umschlaggestaltung: Produktmacherei, Stefanie Hahn
Satz und Layout: PrePressPro, Kirsten Küsters

Printed in Germany
ISBN 978-3-473-49757-7

ravensburger.com

Inhalt

Auf der letzten Seite werden
schwierige Wörter erklärt.

Der mächtige König

Heute hat **Sabino** Geburtstag. **Asha** freut
sich für ihren Großvater. Sie ist sicher:
Heute wird **König Magnifico** ihm seinen
größten Wunsch erfüllen. Dann läuft Asha
zur Arbeit in die Stadt. Die kleine Ziege
Valentino hüpft hinterher.

Asha zeigt **Touristen** ihre wundervolle Heimat: Das Königreich der Wünsche. Wenn die Menschen in Rosas 18 Jahre alt werden, geben sie dem König ihren größten Wunsch. Danach vergessen sie ihn, doch jeder weiß: Der König passt auf die Wünsche auf. Jeden Monat erfüllt der König einen Wunsch.

Asha läuft weiter zum Schloss. Sie geht
direkt in die Küche. Dort backt **Dahlia**
Kekse. Asha ist aufgeregt. Gleich trifft
sie den König. Vielleicht geht sie bei ihm
in die Lehre.
Der Duft von Keksen weckt **Simon**.
Einen Moment später kommen auch
Gabo und die anderen zu ihnen: **Hal**,
Safi, **Bazeema** und **Dario**.

Seit Simon seinen Wunsch dem König gegeben hat, ist er einfach immer müde. Gabo sagt: „Jeder wird langweilig, nachdem er seinen Wunsch dem König gegeben hat."
Da betritt **Königin Amaya** die Küche.
Asha soll ihr zum König folgen.

Asha folgt der Königin die Treppen hinauf.
Amaya öffnet die Tür zu einem großen
Zimmer. Dort entdeckt Asha eine **Vitrine**.
Darin steht ein Buch. Plötzlich ist der
König im Raum und sagt: „Asha, dieses
Buch ist verboten!" Asha erschrickt und
dreht sich um.

Der König will wissen, warum Asha für ihn
arbeiten möchte.

Sie erzählt ihm von ihrem Vater. Ihr
größter Wunsch war, dass er gesund wird.
Aber er starb, als sie zwölf war.
Der König hat auch jemanden verloren.
Jetzt will er Menschen helfen, damit ihre
Wünsche in Erfüllung gehen können.
Niemand soll leiden müssen.

13

Der König führt Asha in einen Saal. Unter der Decke schweben leuchtende Blasen. Das sind die Wünsche von Rosas! Asha nimmt eine Blase in die Hand. In ihr sieht sie Sabino mit einer **Laute**.
Vielleicht wird der König diesen Wunsch heute erfüllen? Doch der König erfüllt nur Wünsche, die gut für Rosas sind. Er entscheidet, welche das sind.

Asha ist traurig. „Könnt Ihr die Wünsche
dann nicht zurückgeben?", fragt sie.
Aber der König ist streng: Die Menschen
dürfen sich ihre Wünsche nicht selbst
erfüllen. Er entscheidet, welche Wünsche
gut oder schlecht sind.
Asha ist besorgt: Was ist mit den
Wünschen ihrer Familie? Sie sind nicht
schlecht für Rosas. Das weiß sie!

Die Zeremonie

Im Hof beginnt eine Wunsch-Zeremonie.
Eine Frau und ein Mann geben ihre
Wünsche ab. Aus den Händen des Königs
strömt Energie in ihre Herzen. Da
entstehen zwei neue Blasen. Der König
nimmt sie.
Alle warten gespannt. Sicher erfüllt der
König jetzt Sabinos Wunsch. Doch er wählt
jemand anders aus. Sabino ist sehr traurig.

Der König sagt, dass Asha nicht bei ihm in die Lehre gehen wird. Er verspricht, dass er die Wünsche von **Sakina** und Sabino sicher verwahren wird.

Asha erstarrt. Der König wird ihre Wünsche niemals erfüllen! Auch sie selbst werden es nicht versuchen, denn sie haben ihre Wünsche vergessen.

Asha kennt Sabinos Wunsch. Sie will ihm
sagen, was er sich gewünscht hat. Sabino
soll seinen Wunsch selbst erfüllen
können. Aber Sabino ist sicher: Sein
Wunsch kann nie wahr werden.
Deshalb möchte er ihn nicht mehr von
Asha erfahren.

Über Asha leuchtet ein heller Stern. Sie klettert auf einen Baum. Von dort schickt sie ihren Wunsch in den Himmel. Jeder soll die Möglichkeit haben, sich seine eigenen Wünsche zu erfüllen. Da fliegt ein helles Licht zu ihr hinunter.

Warmes Licht umgibt Asha. Der ganze Ort und das Schloss werden erleuchtet. Der König bekommt Angst. Er hat das Licht nicht gezaubert. Aber wer war es dann?

Es wird wieder dunkel. Nur im Wald
leuchtet noch ein winziger Punkt.
Asha und Valentino rennen hinterher.
Das kleine Licht verheddert sich in
einer Hose an einer Wäscheleine.
Asha hält die Hose fest. Das Licht
befreit sich und fliegt in den Wald.

Ein kleines Licht

Asha holt das Licht ein. „Hallo!", sagt
Asha. „Ich nenne dich Star."
Der Stern versprüht goldenen Staub.
Valentino streckt seine Zunge raus. Er
fängt etwas von dem Staub ein. Die
anderen Tiere auch. Plötzlich sprechen
sie wie Menschen.

Star und die Tiere erklären Asha: Alle
Lebewesen sind aus Sternenstaub. Alle
sind mit den Sternen verbunden.
Asha erzählt Star von den Wünschen.
Der König hat sie alle eingesperrt.
Star zieht sie zum Schloss. Sie werden
die Wünsche von Sabino und Sakina
befreien.

Im Schloss eilt der König zum verbotenen Buch. Königin Amaya macht sich Sorgen. Das Buch ist gefährlich. Seine Magie ist böse. Sie bittet Magnifico: Er darf das Buch nicht öffnen.
Der König zögert. Dann legt er das Buch zurück.

Asha versteckt Star und
Valentino im Hühnerstall.
Sie muss mit Dahlia reden.
Star und Valentino sollen
hier warten.

Sie öffnet die Tür zur Küche. All ihre
Freunde sind da.
Asha muss herausfinden, wie sie in das
Arbeitszimmer des Königs kommt.
Vielleicht kennt Dahlia einen Weg?
Dahlia will wissen, was mit Asha los ist.
Warum will sie in das Arbeitszimmer?
Asha weiß nicht, was sie sagen soll.
Sie öffnet die Tür zum Hühnerstall.

Im Stall singen und tanzen die Hühner.
Star hat sie mit Sternenstaub bestreut.
Valentino ist mitten unter ihnen.
Auch Star ist dort. Er zeigt sich Dahlia
und den anderen.
Jetzt ertönen Trompeten. Der König will
seinem Volk etwas mitteilen.

Dahlia und Asha bleiben im Hühnerstall.
Die anderen laufen in den Hof. Sie
versprechen, niemandem von Star zu
erzählen.
Asha erzählt Dahlia alles. Sie will die
Wünsche ihrer Familie befreien.

Dahlia überlegt eine Weile. Dann öffnet sie eine kleine Tür. Es ist ein Aufzug! Damit bringt Dahlia das Essen in Magnificos Arbeitszimmer.
Asha klettert mit Star und Valentino hinein. Sie fahren nach oben.

Im Schloss

Die Menschen von Rosas haben sich versammelt. Der König redet vom Licht in der Nacht. Er hat es nicht gezaubert. Jemand anders nutzt Magie. Das ist gefährlich für Rosas. Die Menschen haben Angst.

Der König beruhigt sie. Er sucht den Verräter. Alle, die etwas wissen, können ihm helfen.

Dann wollen der König und die Königin
zurück ins Schloss. Dahlia muss die
beiden aufhalten. Asha braucht mehr Zeit,
um die Wünsche von Sakina und Sabino
zu finden.
Sie stellt eine Frage. Andere Leute stellen
nun auch Fragen. Es klappt! Der König
muss noch bleiben.

Asha will aus dem Aufzug klettern, aber die Tür geht nicht auf. Star sendet seinen Sternenstaub nach draußen. Der Staub landet auf dem Schreibtisch des Königs und entfacht ein Feuer. Star zaubert noch einmal. Endlich öffnet sich der Aufzug. Asha sieht das Feuer und erschrickt. Sie schüttet Wasser aus einer Vase auf die Flammen. Dann geht sie zu einem Spiegel. Der Spiegel ist eine geheime Tür. Zum Glück kann Star sie öffnen.

Asha läuft zu den Blasen. Sie zeigt
Star Bilder von Sakina und Sabino,
damit er ihre Wünsche finden kann.
Dann hört Asha die Stimme von
Magnifico. Der König kommt!

Star findet Sabinos Wunsch. Dann
stürmt Magnifico herein. Gerade
noch rechtzeitig verstecken sich
Asha, Valentino und Star. Der König
schlägt das verbotene Buch auf.
Sofort breitet sich grüne Magie aus.
Asha, Valentino und Star schleichen
zum Aufzug und klettern hinein.

Auf der Flucht

Am Abend sitzen Asha, Valentino, Sabino
und Sakina zusammen.
Asha gibt Sabino seinen Wunsch zurück.
Er ist sehr glücklich.
Plötzlich geht die
Tür auf.
Magnifico steht
vor ihnen.
Er ist sehr wütend,
weil Asha die Wünsche
gestohlen hat.

Der König zieht Sakinas Wunsch aus
seinem Mantel.

Magnifico zerquetscht die Blase in seiner
Hand. Sakina schreit vor Schmerz. Asha
und ihre Familie laufen nach draußen zu
den Pferden des Königs. Gemeinsam
reiten sie davon. Star und Valentino sind
bei ihnen.

Schließlich erreichen die fünf das Meer
und finden ein Boot. Stars Magie treibt
das Boot an. Sakina und Sabino fahren
zu einer Insel. Dort sollen sie sich
verstecken.

Dann springt Asha mit Valentino ins
Wasser und schwimmt zurück.

Star fliegt ihr hinterher. Sie wollen
alle Wünsche von Rosas befreien.

Der König liest in dem verbotenen Buch.
Er zerquetscht drei Wünsche mit seinen
Händen und grüne Magie fließt in ihn.
Die Königin bekommt immer mehr Angst
vor ihm.
Der König macht sich einen mächtigen
Stab. Amaya erschrickt. Die verbotene
Magie hat den König verändert.

Der König ruft alle im Hof zusammen.
Asha ist auch dort. Sie trägt einen
Umhang, damit sie nicht erkannt wird.
Valentino und Star sind bei ihr.
Der König behauptet, dass Asha die
Wünsche zerstört hat. Die Menschen
haben Angst.

Der König holt Simon auf die Bühne.
Simon hat ihm von Asha und Star erzählt.

Im selben Moment entdeckt Asha eine Maus. Auch Star sieht das Tier. Er bestreut es mit Sternenstaub. Dann läuft die Maus zur Königin.
Die Maus flüstert der Königin eine Nachricht ins Ohr. Asha braucht ihre Hilfe!

Der König erfüllt Simons Wunsch.
Simon schwebt in der Luft. Eine Sekunde
später landet er mit einem Schwert in der
Hand auf dem Boden. Simon ist nun ein
treuer Ritter des Königs. Er verrät die
anderen: Dahlia, Safi, Hal, Gabo, Dario
und Bazeema haben Asha geholfen.
Schnell laufen die sechs davon. Asha
sieht sie und rennt ihnen nach.

Asha, Valentino und Star finden die anderen in einem geheimen Raum.
Asha erzählt ihnen, was sie erlebt hat.
Plötzlich geht die Tür auf und die Königin steht vor ihnen.
Sie warnt Asha: Der König will Stars Magie für sich.
Asha hat einen Plan. Sie und Star verstecken sich im Wald. Der König wird sie dort suchen. Die anderen sollen solange die Wünsche befreien.

Amaya erzählt dem König, dass Asha und
Star im Wald gesehen wurden.
Der König läuft hinaus. Amaya geht zum
Aufzug und öffnet ihn.
Valentino, Dahlia, Gabo, Safi, Hal,
Bazeema und Dario klettern heraus.
Sie wollen Ashas Plan umsetzen.

Asha und Star sind im Wald. Star rieselt Sternenstaub auf einen Stock und gibt ihn Asha. Er hat ihr einen Zauberstab geschenkt! Dann fliegt Star zum Schloss. Er will die Wünsche befreien. So lange muss Asha den König vom Schloss fernhalten. Mit ihrem Stab zaubert sie helle Funken.

Der König sieht die Funken und reitet in den Wald. Magnifico findet Asha und reitet direkt auf sie zu.

Asha läuft, so schnell sie kann. Sie entdeckt einen Wagen und springt hinein. Als sie einen Hügel hinunterfährt, zaubert sie wieder. Ein Baum hat plötzlich ein Kleid an. Magnifico reitet an ihm vorbei und jagt Asha hinterher.

Wieder schwingt Asha ihren Zauberstab. Der Wagen bekommt Beine und klettert auf einen Felsen.

Im Schloss lesen Amaya und Dahlia in
dem verbotenen Buch. Sie wollen einen
Zauber gegen die Macht des Königs
finden. Aber es ist zu spät. Niemand
kann dem König die Macht wegnehmen.
Sie können nur noch die Wünsche retten.
Im Saal der Wünsche verteilt Star
Sternenstaub.

Valentino, Gabo, Dario, Safi, Hal und Bazeema werden in die Luft gehoben und ziehen an Seilen, die von der Decke hängen. Da öffnet sich kurz das Dach. Aber als sie die Seile loslassen, fällt es sofort wieder zu. Niemand weiß weiter. Da hat Valentino eine Idee. Alle stellen sich auf einen Vorsprung und halten sich an den Seilen fest. Zusammen springen sie in die Tiefe. Das Dach öffnet sich. Star und die Blasen schweben hinaus.

Die Menschen sehen ihre Wünsche am
Himmel. Sie staunen.

Auch Sakina und Sabino beobachten von
der Insel aus, was geschieht. Dann
steigen sie ins Boot und rudern zurück.
Asha sieht die Wünsche und ist
erleichtert. Aber Magnifico rammt ihren
Wagen. Der Zauberstab fällt auf den
Boden. Magnifico springt vom Pferd und
zertritt ihn.

Asha ist sicher: Der König hat trotzdem
verloren.

Der König schaut zum Schloss. Da umgibt
ihn grüne Magie. Er verwandelt sich.
Plötzlich steht Simon vor Asha.

Asha erschrickt. Wenn Simon hier ist, ist
der König noch im Schloss. Die anderen
sind in Gefahr!

Ein Bär hilft Asha und stürzt Simon zu
Boden. Sie springt auf das königliche
Pferd und reitet zum Schloss.

Im Schloss schwenkt Magnifico seinen
Stab. Die Wünsche fallen vom Himmel.
Dann fängt Magnifico zuerst Star und
schließlich Asha ein. Star verschwindet
in Magnificos Stab.

Asha will Magnifico den Stab
wegnehmen. Sie schafft es nicht.
Magnifico zaubert eine schwarze Wolke.
Sie verdeckt die Sterne am Himmel.
Niemand soll jemals wieder einen
Wunsch an die Sterne richten.

Sternenstaub

„Du bist nichts!", ruft der König Asha zu.
„Wir sind Sterne", sagt Asha zum König
und beginnt zu singen. Dabei beginnt ihr
Herz zu strahlen.

Magnifico sieht das Licht nicht.
Aber Dahlia sieht es. Asha
hat keine Kraft mehr.
Jetzt beginnt Dahlia zu
singen. Schließlich singen
alle. Die Kraft der Menschen
macht Magnifico schwächer. Er wird
in seinen eigenen Stab gezogen.

Star schickt die Blasen hinunter zu den
Menschen. Dann fliegt er zu Asha.
Simon kommt zu ihnen. Es tut ihm leid.
Asha tröstet ihn. Sie alle wollten
Magnifico glauben.

Plötzlich hört Amaya die Stimme des Königs aus seinem Zauberstab. Er ist im Spiegel in der Stabspitze gefangen. Die Königin gibt den Spiegel an einen Soldaten. Er soll ihn im Kerker aufhängen.

„Lang lebe die Königin!", ruft Asha. Die Menschen jubeln.

Star gibt Asha den zerbrochenen
Zauberstab zurück. Er repariert ihn mit
Sternenstaub. Asha weiß nicht, was sie
damit tun soll.

„Sei unsere gute Fee!", schlägt Dario vor.
Star umarmt Asha.

Asha weiß: Die Menschen dürfen niemals ihre Wünsche aufgeben. Dann wird Star immer unter ihnen sein.

Schon gewusst?

Touristen	Sprich: Turisten. Menschen, die einen Ort in den Ferien besuchen.
Vitrine	Ein sehr schöner Schrank aus Glas.
Laute	Ein Instrument mit Saiten. Es sieht ähnlich aus wie eine Gitarre.
Zeremonie	Eine besondere Feier zu einem bestimmten Anlass. In Rosas findet jeden Monat eine Zeremonie statt, in der ein Wunsch erfüllt wird.